Erstellung eines quantitativen Fragebogens, Vor- und Nachteile von Onlineumfragen und haptischen Papierfragebögen, statistische Grundlagen und der Chi-Quadrat-Test

Katharina Gross

Bibliografische Information der Deutschen Nationalbibliothek:

Die Deutsche Nationalbibliothek verzeichnet diese Publikation in der Deutschen Nationalbibliografie; detaillierte bibliografische Daten sind im Internet über http://dnb.d-nb.de abrufbar.

ISBN: 9783346315878
Dieses Buch ist auch als E-Book erhältlich.

Das Buch bei GRIN: https://www.grin.com/document/967682

Einsendeaufgabe

Wissenschaftliches Arbeiten – Vertiefung II

Aufgabe A

SRH Fernhochschule – The Mobile University

Modul:	Wissenschaftliches Arbeiten – Vertiefung II
Studiengang:	B. Sc. Psychologie

Vorgelegt von: Katharina Gross

Inhaltsverzeichnis

Abkürzungsverzeichnis

IK   Interne Kommunikation
IQ   Intelligenzquotient

Abbildungsverzeichnis

Tabellenverzeichnis

Aufgabe 1

1.1 Eine Fragebogenkonzeption mit quantitativem Untersuchungsdesign

Für das Erstellen eines aussagekräftigen Fragebogens ist die Kenntnis über die methodische und theoretische Herangehensweise eine Grundvoraussetzung. Um im Rahmen dieser Aufgabe einen Fragebogen mit einem quantitativen Untersuchungsdesign entwerfen zu können, werden im folgenden Abschnitt die maßgeblichen Kriterien erläutert.

Mit Fragebögen können unterschiedliche Parameter erfasst werden. Hierzu zählen bspw. Meinungen, Einstellungen, Überzeugungen, Wertorientierungen, aber auch Wissen oder Merkmale zu den befragten Personen (Porst, 2008, S. 51). Man unterscheidet drei Arten von Fragen: Bei geschlossenen Fragen liegen begrenzte, ausformulierte und eine definierte Anzahl von Antwortkategorien vor. Der Befragte muss sich zwischen den Vorgaben entscheiden bzw. einpassen. Es gibt sowohl die Möglichkeit der Einfachnennung (der Befragte muss sich für eine Antwortmöglichkeit entscheiden) als auch der Mehrfachnennung (der Befragte darf mehrere der Antwortmöglichkeiten ankreuzen). Wichtig ist, den Befragten eindeutig zu signalisieren, ob sie nur eine Antwort kennzeichnen sollen oder mehrere. Hierfür dient die Gestaltung des Layouts als wesentliche Unterstützung. Z. B. durch unterschiedliche farbliche Kennzeichnungen und/oder geometrische Veränderungen der Ankreuzflächen.

Beispiel für eine geschlossene Frage mit Mehrfachnennung:

Nennen Sie bitte alle Geräte, die Sie besitzen:	
Handy	O
Tablet	O
PC	O
Laptop	O
Fernseher	O
Festnetztelefon	O

Beispiel für eine geschlossene Frage mit Einfachnennung:

<table>
<tr><td colspan="2">Entscheiden Sie sich bitte für ein Gerät, auf das Sie am schwersten verzichten könnten.</td></tr>
<tr><td>Handy</td><td>O</td></tr>
<tr><td>Tablet</td><td>O</td></tr>
<tr><td>PC</td><td>O</td></tr>
<tr><td>Laptop</td><td>O</td></tr>
<tr><td>Fernseher</td><td>O</td></tr>
<tr><td>Festnetztelefon</td><td>O</td></tr>
</table>

Ein wesentlicher Vorteil geschlossener Fragen ist, dass sie sowohl recht schnell beantwortet als auch rasch ausgewertet werden können. Zudem lassen sie sich gut vergleichen.

Das Gegenteil von geschlossenen Fragen stellen offene Fragen dar. Dabei kann der Befragte die Antwort frei und mit seinen eigenen Worten formulieren. Es liegen keine festgelegten Antwortkategorien vor. Die freien Linien fordern die Befragten auf, ihre Gedanken niederzuschreiben:

<table>
<tr><td>Welche Veränderungen haben die Coronapandemie und der Lockdown in Ihrem Alltag ausgelöst?

____
____
____</td></tr>
</table>

Eine Herausforderung der offenen Fragen liegt in ihrer Auswertung. Ein Vorteil besteht jedoch darin, dass der Befragte sich nicht in „vorgefertigten" Antwortoptionen einpassen muss, sondern subjektiv und persönlich antworten kann. Dabei können Aspekte zum Vorschein kommen, an die bei der Fragebogenkonzeption nicht gedacht wurde. Der Einsatz von offenen Fragen ist bei Themen sinnvoll, deren Antworthorizont noch weitgehend unbekannt ist,
Die Ergebnisse sind allerdings stark davon abhängig wie adäquat sich die Befragten ausdrücken können (Porst, 2008, S. 54). Ein weiteres Risiko besteht darin, ob die Befragten auch tatsächlich die gestellte Frage beantworten oder das Thema verfehlen. Aufgrund des erhöhten Aufwands ist die Rücklaufquote

bei Fragebögen mit offenen Fragen geringer als bei standardisierten Fragebögen mit geschlossenen oder halboffenen Fragen. Letztere sind schneller und mit geringerem kognitivem Aufwand ausfüllbar (Reinhardt, Ornau, 2015, S. 16).

Fragebögen mit halboffenen Fragen sind in der Praxis häufig anzutreffen. Sie sind oft das Resultat der Entscheidungsschwierigkeit der Fragebogenentwickler (Porst, 2008, S. 55). Kennzeichnend für halboffene Fragen ist, dass an eine eigentlich geschlossene Frage eine zusätzliche Kategorie „angehängt" wird. Folgendes Beispiel veranschaulicht die Kombination aus geschlossener und offener Frage:

Die Staatsbürgerschaft(en) welcher Länder haben Sie?	
Deutschland	O
Großbritannien	O
Frankreich	O
Spanien	O
Italien	O
Türkei	O
Sonstige, bitte nennen:	_______________

Diese Methode wird insbesondere dann angewendet, wenn der Antworthorizont einerseits gut abschätzbar ist, andererseits jedoch nicht gänzlich bestimmt werden kann (Porst, 2008, S. 57). Die zusätzliche Kategorie hat noch eine weitere Aufgabe: Sie unterstützt die Motivation und die Aufmerksamkeit der Befragten und reduziert Abbrüche der Fragebogenbeantwortung.

Eine besondere Bedeutung kommt der Frageformulierung zu. Zahlreiche Autoren wie Porst (2008, S. 95-114) oder Mummendey, Grau (2014, S. 76) sind sich einig, dass Fragen eindeutig, nur so lang wie nötig und möglichst ohne Fremdwörter formuliert sein sollen. Zu vermeiden sind hypothetische und suggestive Fragen sowie doppelte Verneinungen. Weiter müssen die Fragen so formuliert sein, dass sie von möglichst vielen Personen und deren Wissenshorizont beantwortet werden können. Die Antwortkategorien dürfen sich nicht überschneiden und der Kontext einer Frage darf sich nicht auf deren Beantwortung beziehen. Wichtig ist außerdem der klar definierte zeitliche Bezug einer

Fragestellung, d. h. auf welche Zeitspanne die Befragten zurückblicken sollen (bspw. vierzehn Tage, fünf Monate, drei Jahre).

Die Beantwortung von Fragestellungen erfolgt durch Messen. Messen bedeutet in diesem Zusammenhang, dass Symbole oder Ziffern nach bestimmten Regeln (oder Codes), Aspekten, Ausprägungen oder Variablen (Merkmalsausprägungen) zugeordnet werden (Porst, 2008, S. 69). Das Bezugssystem, das dem Messvorgang zugrunde liegt, wird Skala genannt. Solche Skalen weisen unterschiedliche Skalenniveaus auf.

Skalenniveau	Eigenschaften	Aussage über	Beispiel
Nominalskala	gleich/ungleich	Gleichheit und Verschiedenheit, Kategorien	Geschlecht, Telefonnummer, Familienstand
Ordinalskala	gleich/ungleich größer/kleiner	Rangfolge Relationale Beziehung	Zufriedenheit, Schulnoten, Schulabschluss
Intervallskala (metrisches Skalenniveau)	gleich/ungleich größer/kleiner plus/minus	Gleiche Abstände	IQ, Temperatur
Verhältnisskala (Ratioskala) (metrisches Skalenniveau)	gleich/ungleich größer/kleiner plus/minus mal/geteilt	Absoluter Nullpunkt	Zeit, Gewicht, Umsatz, Längenmessung Gewichtmessung

Tabelle 1: Skalenniveaus und ihre Eigenschaften

(Quelle: Eigene Darstellung nach Mayer, 2013, S. 71 und Porst, 2008, S. 69-74)

In einem sozialwissenschaftlichen Fragebogen wie in der vorliegenden Aufgabe kommen zumeist mehrstufige Skalen zum Einsatz. Mit der Stufung der Skalen können die Befragten zum einen differenziertere Antworten geben und zum anderen lassen sich die Ausprägungen der jeweiligen Stufungen feststellen. Grundsätzlich wird zwischen verbalisierten und endpunktbenannten Skalen differenziert. Die verbalisierten Skalen benennen jeden Skalenpunkt bzw. jede Ankreuzmöglichkeit:

Trifft überhaupt nicht zu	Trifft eher nicht zu	Trifft eher zu	Trifft voll und ganz zu
O	O	O	O

Der Vorteil einer verbalisierten Skala liegt darin, dass der Befragte eine genaue Vorgabe bekommt, welche Ausprägung mit den Stufungen gemeint ist. Sie sind i. d. R. ordinalskaliert, bilden also Rangfolgen ab (Porst, 2008, S. 78). Denn ein gleichmäßiger Abstand zwischen den Skalenstufen kann nicht unterstellt werden.

Etwas anders verhält es sich mit den endpunktbenannten Skalen. Sie bezeichnen die beiden Extrempunkte und können als Intervallskalen ausgewertet werden (Porst 2008, S. 80):

Trifft überhaupt nicht zu						Trifft voll und ganz zu
O	O	O	O	O	O	O

Ein etwaiger Nachteil solcher Skalen ist, dass die Befragten die Abstufungen relativ beliebig interpretieren können. Gleichzeitig lassen sie den Befragten mehr Spielraum zur Differenzierung.

Die Anzahl der Skalenpunkte kann sowohl gerade als auch ungerade vorgegeben werden. Bei ungeraden Skalen ergibt sich ein „Skalenmittelpunkt" (rot markiert):

Trifft überhaupt nicht zu						Trifft voll und ganz zu
O	O	O	O	O	O	O

Das Risiko bei einem solchen Mittelpunkt ist, dass er häufig als „Fluchtpunkt" von den Befragten genutzt wird, wenn sie sich nicht für die eine oder andere Seite entscheiden können.

Bei einem Fragebogen mit einer geraden Anzahl an Skalenpunkten sind die Befragten gezwungen, sich für eine Seite zu positionieren. Allerdings wird so denjenigen, die sich tatsächlich nicht einer Tendenz zuordnen können, die Möglichkeit genommen, dies auszudrücken.

Neben den bereits genannten Faktoren, die zu einem gelungenen Fragebogen beitragen, hat auch das Layout, also die formale und äußere Gestaltung eine nicht zu unterschätzende Wirkung. Zu den Hauptgesichtspunkten zählt eine strukturierte Darstellung, d. h. eine angemessene Anzahl von Fragen, eine übersichtliche Platzierung der Ankreuzmöglichkeiten und eine gut lesbare Schrift. U. U. können (Symbol-) Bilder, Grafiken oder eine farbliche Gestaltung zu einer zweckdienlichen Ästhetik beitragen (Porst, 2008, S. 163-172).

Auf der letzten Seite eines Fragebogens wird den Umfrageteilnehmern für ihre Bemühungen gedankt und ggf. die Gelegenheit eingeräumt, Anmerkungen anzuführen (Porst, 2008, S. 157-158).

1.2 Fallbeispiel: Interne Kommunikation am Universitätsklinikum Freiburg

Das Universitätsklinikum Freiburg verfügt über etwa 15 Kliniken, 141 Stationen und 12 Institute. Neben den medizinischen Bereichen existieren umfassende Verwaltungseinheiten, Labore, Apotheken, eine Wäscherei, aber auch technische Abteilungen und Werkstätten. Über 12.000 Mitarbeiter sind an der Universitätsklinik Freiburg beschäftigt. Das Areal erstreckt sich über rund 520.000 Quadratmeter (Universitätsklinikum in Zahlen: https://www.uniklinik-freiburg.de/uniklinikum/zahlen-und-fakten.html).

Angesichts der gegenwärtigen Pandemie sind an (interne) Kommunikationsprozesse besondere Anforderungen gestellt. Informationen müssen schnell, korrekt, zielgerichtet und möglichst kontaktlos bei den Empfängern platziert werden. Es soll verhindert werden, dass Mitarbeiter unter einer „Informationsflut" leiden, indem sie Nachrichten erhalten, die für sie möglicherweise nicht von Belang sind. Gleichzeitig dürfen keine wichtigen Informationen verpasst oder fehlgeleitet werden.

In Anbetracht der zahlreichen Abteilungen und ihrer Mitarbeiter sowie der Vielzahl an Informationen macht sich das Management Gedanken darüber, ob die Einführung einer App die Informationsverteilung optimieren könnte. Hierfür sollen jedoch zunächst die Schwachstellen der aktuellen internen Kommunikation analysiert werden. Das Management plant, die Ist-Situation mit einem

Fragebogen zu erheben. Es orientiert sich dabei an Ausführungen von Klein, Ringlstetter und Oelert (2001). Der Ansatz sieht vor, die Mitarbeiter in drei Dimensionen zu befragen. Die erste Ebene betrifft die interne Kommunikation (IK) des Managements zu den Mitarbeitern, die zweite Ebene betrifft die IK der Mitarbeiter hin zum Management und die dritte Ebene eruiert die IK zwischen Mitarbeitern. Die anschließende Tabelle veranschaulicht, dass aus den theoretischen Begriffen der Dimensionen, Kategorien und Indikatoren Fragen formuliert werden. Auf diese Weise wird das Messen der theoretischen Konstrukte möglich. Der auf Basis der Operationalisierung entstandene Fragebogen befindet sich im Anhang.

Dimension	Kategorie	Indikator	Operationalisierung
IK von Management zu Mitarbeitern	Art der weitergegebenen Information	Offizielle Beschlüsse Ergebnisprotokolle	Welche Arten von Informationen erhalten Sie von Seiten des Managements?
	Weitergabe an alle Mitarbeiter	Mündliche Besprechungen Intranet Interne Zeitung Newsletter	Mittels welcher Informationskanäle erhalten **alle** Mitarbeiter Informationen des Managements?
	Weitergabe an einzelne Mitarbeiter	Bilaterale Gespräche E-Mail Rundschreiben über spezifische Verteiler	Mittels welcher Informationskanäle erhalten **einzelne** Mitarbeiter Informationen des Managements?
IK von Mitarbeitern zu Management	Institutionalisierter Austausch	Präsenz des Managements bei Veranstaltungen Regelmäßige Umfragen Feedback-Schleifen	Auf welchen Kommunikationswegen erfolgt die interne Kommunikation von den Mitarbeitern zum Management?
	Eigeninitialisiertes Feedback	E-Mail Intranet Klassisches betriebliches Vorschlagswesen	Wie können Mitarbeiter aus ihrer eigenen Initiative heraus ein Feedback an das Management geben?
Bereichsübergreifende IK (von Mitarbeiter zu Mitarbeiter)	Mit Aufgabenbezug	Datenbank Intranet Informationsmanagementsystem Meetings Besprechungen	Auf welche Weise erfolgt ein **aufgabenbezogener** Austausch zwischen Mitarbeitern?
	Mit mittelbarem Bezug	Kaffee-Ecke Open-space-meetings	Wo erfolgt ein Austausch mit Kollegen, der ihr Wissen erweitert?
	Ohne Aufgabenbezug	Unternehmensberichte und -zeitschriften	Mittels welcher Kanäle werden unternehmerische Informationen vermittelt?

Tabelle 2: Operationalisierung des Modells von Klein et al. (2001)

(Quelle: Eigene Darstellung in Anlehnung an die Aufgabenstellung)

Für die vorliegende Aufgabe wird ein Fragebogen mit halboffenen Fragen verwendet. Einerseits liegt dies an den vorgegebenen Kategorien und Indikatoren und einem folglich relativ überschaubaren Antworthorizont. Andererseits soll den Befragten nicht die Möglichkeit genommen werden, weitere Aspekte, an die das Management bei der Konzeption des Fragebogens nicht gedacht hat, zu nennen. Es ist naheliegend, dass Außenstehende bspw. die Kommunikationsdynamik einer Intensivstation oder einer Elektroabteilung mit den vorgegebenen Antwortmöglichkeiten nicht in Gänze erfassen. In diesem Fall ist es für die

Umfrage gewinnbringend, wenn die Befragten typische Kommunikationsvorgänge ihrer Arbeitsbereiche benennen können. Die zusätzlichen Informationen können das Management bei der Frage, ob die Einführung einer App sinnvoll ist, unterstützen.

Der Fragebogen ist mit Hilfe einer leichten Farbgebung in drei Teile (Dimensionen) gegliedert. Die Fragen sind durch ein Tabellenformat übersichtlich voneinander abgegrenzt.

Für die Antworten wurde eine verbalisierte Skala gewählt, damit für die Befragten transparent ist, welche Wertung mit einer Antwortmöglichkeit verbunden ist. Es soll bei dieser Umfrage vermieden werden, dass zahlreiche und lediglich endpunktbenannte Stufungen eine zu starke interpretatorische Rolle einnehmen. Zudem liegt eine gerade Anzahl von Skalenpunkten vor, damit eine klare Tendenz, ob die IK eher positiv oder eher negativ gewertet wird, eindeutig zum Vorschein kommt.

Der Fragebogen beginnt mit wenigen Daten zu der befragten Person (Abteilung, Alter, Dauer der Betriebszugehörigkeit). Daran schließen sich die drei Teile A, B und C an, die jeweils Daten zu einer Kommunikationsrichtung erheben. In allen drei Teilen wird jeweils leicht variiert danach gefragt, welche Informationen auf welchem Weg zu den Zielpersonen gelangen.

Die letzten Fragen der Teile A und B dienen als Feedback für das Management. Da die Einführung einer Klinik-App wirtschaftlich, planerisch und technisch eine bedeutende Herausforderung darstellt, hat die Frage nach der Zufriedenheit mit der internen Kommunikation ihre Berechtigung. Aus den Antworten kann gefolgert werden, ob es eventuell nur geringer, aber wirksamer Veränderungen bedarf oder einer umfassenden Umstrukturierung wie der Einführung einer App. Außerdem wird den Mitarbeitern auf diese Weise signalisiert, dass ihre Einschätzung Beachtung findet und bei der Entwicklung des Unternehmens ernst genommen wird. Gleichzeitig erhält das Management ein Abbild der Stimmung des Klinikums in Bezug auf die interne Kommunikation (Schick, 2014, S. 178).

1.3 Stichprobe und Durchführung

Aufgrund der hohen Mitarbeiteranzahl des Universitätsklinikums und einer Verteilung von Abteilungen über zahlreiche Gebäude entscheidet sich das Management dafür, die Umfrage über das Intranet zur Verfügung zu stellen.

Alternativ wäre denkbar, aus jeder Abteilung des Klinikums eine Stichprobe zu ziehen und diese mittels haptischer Fragebögen anzuschreiben. Wegen des erhöhten organisatorischen Aufwands der Zusammenstellung, Verteilung und Einsammlung der Fragebögen hat sich das Management gegen diese Alternative entschieden.

Damit jedoch die Motivation der Mitarbeiter, an der Erhebung teilzunehmen, erhöht wird, hat sich das Management überlegt, unter den Teilnehmern zehn Preise zu verlosen. Denkbar hierfür wären Gutscheine, bspw. für ein Feinkostgeschäft der Stadt Freiburg. Zudem werden die jeweiligen Abteilungsleiter aufgefordert, Sorge dafür zu tragen, dass mindestens die Hälfte eines Teams an der Befragung teilnimmt. Dafür muss den Mitarbeitern, insbesondere dem Pflegepersonal, ausreichend Zeit zur Verfügung gestellt werden.

Nachdem der Fragebogen konzipiert, die Stichprobe (möglichst die Hälfte der Mitarbeiter aller Abteilungen) festgelegt und die Durchführung (mittels Intranets) geplant ist, erfolgt die Pretest-Phase. Dabei beantwortet eine kleine Zahl von Personen den Fragebogen, um zu eruieren, ob die Fragen verstanden werden oder wo eventuell Probleme liegen. Zudem stellt sich auf diese Weise heraus, wie lange die Mitarbeiter durchschnittlich für die Beantwortung benötigen (Mummendey, 2014, S. 91). Diese Angabe kann dann an die Stationsleitungen und Abteilungsleiter weitergegeben werden, um für ihre Teammitglieder einen entsprechenden Zeitrahmen abzustecken. Pretests können auf zwei unterschiedliche Weisen durchgeführt werden: Zum einen auf eine konventionelle Art, wie sie oben bereits erläutert wurde. Zum anderen in Form eines kognitiven Pretests (Mummendey, 2014, S. 91) oder der „Think-aloud-Technik" (Reinhardt, Ornau, 2015, S. 25). Bei dieser Methode werden die Befragten dazu aufgefordert, während der Beantwortung laut zu denken, d. h. ihre gesamten Gedanken, Fragen, Unklarheiten und Denkprozesse so genau wie möglich auszusprechen.

In Anbetracht der Größe des Universitätsklinikums wäre der Aufwand, aus jeder Abteilung Personen für einen Pretest zu rekrutieren, zu hoch. Insofern sollten zumindest aus großen und für die Einführung einer App bedeutsamen Personengruppen Testpersonen gezogen werden (Linke, 2018, S. 35). Beispielhaft sind hier die Ärzteschaft, das Pflegepersonal und die Verwaltung zu nennen. Im Anschluss an die Pretest-Phase können ggf. Verbesserungen vorgenommen werden, um dann mit der Mitarbeiterbefragung zu beginnen.

Aufgabe 2

2.1 Vor- und Nachteile von Online-Umfragen und haptischen Papierfragebögen

Aufgrund der Vielzahl von Menschen, die über einen Internetzugang verfügen, erreichen Online-Fragebögen prinzipiell große Personenkreise, was die Aussagekraft von Stichproben positiv unterstützt. Durch das Internet können sehr unkompliziert Daten von Stichproben erhoben werden, die geographisch weit auseinanderliegen. Interessant ist dieser Aspekt wohl v. a., wenn es um länderübergreifende oder sogar interkontinentale Erhebungen geht.

Gleichzeitig entfallen Kosten für die Versendung wie Porto und Arbeitskräfte, die die Umfragen inklusive frankiertem Rückumschlag verpacken müssten. Im Zuge dessen ist die Durchführungsdauer verkürzt und es ergibt sich eine Zeitersparnis. Ein weiterer ökonomischer Vorteil ist die Tatsache, dass die erhobenen Daten nicht von einem Papierstück in einen Computer übertragen werden müssen, wobei Fehler passieren können. Die Daten der online ausgefüllten Fragebögen sind bereits in einer PC-Datenbank (Gusy, Marcus, 2012, S. 4-5).

Anders als bei haptischen Fragebögen können einem Fragebogen, der in einem Web-Browser geöffnet wird bspw. Film- und Tonaufnahmen hinzugefügt werden. Sofern die Untersuchung es zulässt, sollte den Befragten die Möglichkeit gegeben werden, das Ausfüllen des Fragebogens zu unterbrechen und fortzusetzen (Mayer, 2013, S. 104).

Je nach Programmierung der Studie können die Probanden aufgrund einer automatisierten Auswertung ihr individuelles Ergebnis direkt nach der Durchführung des Fragebogens erfahren (Batinic, 2003, S. 8). Pötschke (2009 zit. nach Gusy, Marcus, 2012, S. 5) postuliert zudem, dass die Befragten bei Online-

Erhebungen eine höhere Anonymität wahrnehmen, welche einem ehrlichen Antwortverhalten zu Gute kommt. Dadurch reduziert sich die Tendenz, Fragen im Sinne der sozialen Erwünschtheit zu beantworten, und die Objektivität erhöht sich. Gleichzeitig ist nicht sichergestellt, dass tatsächlich die ausgewählte Person den Fragebogen selbst beantwortet. Ein besonders sensibles Thema sind die Datenverarbeitung und der Datenschutz bei Online-Befragungen. Wichtig ist sicherlich, Teilnehmer exakt über die Datenverarbeitung und den Datenschutz ihrer persönlichen Angaben aufzuklären. Damit muss der Sorge von Studienteilnehmern, ihre Daten könnten in fremde Hände gelangen oder für andere Zwecke genutzt werden, Rechnung getragen werden.

Zum Nachteil von haptischen Fragebögen gehört, dass die Befragten sich einen Überblick über den Fragebogen verschaffen können, der eventuell die Beantwortung beeinflusst. Dieser Gesichtspunkt erfordert eine sehr sorgfältige Konstruktion (Schnell, 2011 zit. nach Mayer, 2013, S. 101). Bei Online-Umfragen hingegen kann diesem Problem leicht abgeholfen werden, indem man nur durch das Beantworten einer Frage die nächste Frage angezeigt bekommt.

Auf der einen Seite ist das Risiko eines vorzeitigen Abbruchs oder einer unvollständigen Beantwortung bei einer schriftlichen Befragung prinzipiell erhöht. Auf der anderen Seite werden Interviewerfehler und -einflüsse ausgeschlossen (Schnell, 2011 zit. nach Mayer, 2013, S. 101).

Eine Stärke der Online-Befragung liegt darin, dass sie sowohl orts- als auch zeitunabhängig (Asynchronität und Alokalität) bearbeitet werden kann (Batinic, 2003, S. 7). Insbesondere die Zunahme von Smartphones und Tablets erhöht diese Flexibilität. Kritisch zu betrachten ist die Frage, welche Zielgruppen mit Online-Fragebögen erreicht werden und wie dies die Antworten beeinflusst. Beispielsweise könnte sich für eine Umfrage unter Senioren ein haptischer Papierfragebogen eher eignen, weil vielleicht alte Menschen noch nicht so versiert und geübt im Umgang mit der Nutzung von PC und Internet sind wie jüngere Menschen. Plant man jedoch bspw. eine Umfrage unter den 15 bis 60-jährigen, könnte es aus den bereits genannten Gründen der Flexibilität von Vorteil sein, die Online-Variante zu nutzen.

2.2 Verbesserungsansätze für die Rücklaufquote

Sowohl Online-Befragungen als auch Umfragen mit Papierfragebögen sind mit dem Problem relativ schlechter Rücklaufquoten konfrontiert. Es muss also der Frage nachgegangen werden, wie die Motivation an einer Befragung teilzunehmen erhöht werden kann.

Eine praktische Grundvoraussetzung bei haptischen Fragebögen ist ein beigelegter und frankierter Rückumschlag, um den Befragten die Rücksendung unkompliziert zu möglichen.

Batinic (2007, S. 3) betont die Relevanz des Einladungsschreibens bei Onlineumfragen. Nur auf dieser Basis entscheiden die Teilnehmer, ob sie den Fragebogen ausfüllen oder nicht. Bei haptischen Fragebögen können sich die Befragten bspw. einen Überblick über die Art (ankreuzen versus ausformulieren) und den Inhalt der Fragen sowie über die Anzahl der Fragen machen. Diese Aspekte fallen bei einer Onlinebefragung weg.

Die Firma Rogator AG, ein Spezialist für Online-Befragung, thematisiert die Herausforderung eine hohe Rücklaufquote zu erreichen, offen. Auf der Homepage der Firma ist eine umfassende Liste aufgeführt, welche Faktoren die Rücklaufquote von Online-Befragungen erhöhen können (abrufbar unter: https://www.rogator.de/wissenswertes/fachwissen-customer-feedback/ruecklaufquoten-online-befragungen/). Neben der zugesicherten Anonymität empfiehlt der Dienstleister bei bestimmten Zielgruppen die Umfrage anzukündigen (bspw. Mitarbeiterbefragung). Außerdem sollten Sinn und Zweck zu Beginn kommuniziert und die Verwendung der Ergebnisse offengelegt werden. Indem sich die Probanden der Relevanz des Umfragethemas bewusst werden, kann ihre Motivation teilzunehmen positiv gestärkt werden.

Es gilt, dass das Ausfüllen des Fragebogens so einfach wie möglich vonstatten gehen muss, d. h. der Zeitaufwand sollte nur so groß wie unbedingt nötig sein. Bspw. wird bei Mitarbeiterbefragungen häufig moniert, dass die Beantwortung zu viel Zeit in Anspruch nehme (Linke, 2018, S. 65).

Ggf. kann eine Erinnerungsfunktion (Reminder) an die Teilnahme angebracht sein. Porst (2001, S. 9) berichtet, dass Nachfassaktionen häufig erfolgreich sind und sich zweifellos lohnen.

Weil die Befragten von Onlineumfragen nicht abschätzen können, wie umfangreich der Fragebogen ist, sollte eine Fortschrittsanzeige eingeblendet werden. Werden die Fragebögen über Panels versendet, ist dafür Sorge zu tragen, dass die Teilnehmer nicht zu häufig in eine Stichprobenerhebung einbezogen werden, um eine „Ermüdung" zu verhindern. Eine unterstützende Möglichkeit können sogenannte incentives sein. Dabei handelt es sich um Geld- oder Sachprämien, bspw. in Form von Gutscheinen, Gewinnspielen oder Bonuspunkten. Eine Studie von Batinic und Moser (2005, S. 70) zeigte jedoch, dass solche incentives tendenziell überschätzt werden.

Als wirksamer Faktor gilt, den Fragebogen technisch so zu programmieren, dass er problemlos mit einem Smartphone beantwortet werden kann. Besonders für diese Zielgruppe muss der Fragebogen so konzipiert sein, dass die Teilnehmer nicht zu häufig herein- und herauszoomen müssen (Linke, 2018, S. 49).

Aufgabe 3

3.1 Statistische Grundlagen für einen Chi^2-Test

Mit den Methoden der Statistik werden Wahrscheinlichkeiten berechnet (keine Wahrheiten oder Gesetze). Anhand von Datenerhebungen aus Stichproben kann auf Grundgesamten bzw. Populationen geschlossen. Dabei handelt es sich um die Inferenz- bzw. schließende Statistik. Vermutungen über Populationen (bspw. Verhaltensweisen) werden in Form von Hypothesen zum Ausdruck gebracht.

Es wird zwischen Zusammenhangshypothesen („Rauchen erhöht das Risiko an Lungenkrebs zu erkranken") und Unterschiedshypothesen („Landkinder sind seltener erkältet als Stadtkinder") differenziert. Bedeutsam ist, dass eine Zusammenhangshypothese in eine Unterschiedshypothese überführt werden kann („Raucher haben öfter Lungenkrebs als Nichtraucher").

Um stochastische Berechnungen vorzunehmen, werden Hypothesen benötigt. Die Hypothese H_0 formuliert stets, dass kein Unterschied, kein Zusammenhang oder Effekt besteht. Die Alternativhypothese H_1 hingegen unterstellt das

Gegenteil, nämlich, dass ein Unterschied, ein Zusammenhang oder ein Effekt vorliegen.

Beispiele für Null- und Alternativhypothesen:

H_0: Landkinder sind nicht seltener erkältet als Stadtkinder.

H_1: Landkinder sind seltener erkältet als Stadtkinder.

Weiterhin unterscheidet man zwischen gerichteten und ungerichteten Hypothesen: Die gerichteten (spezifische oder einseitige) Hypothesen fragen danach, ob die Werte einer Gruppe besser oder schlechter bzw. größer oder kleiner sind als die Werte einer anderen Gruppe ($\geq, < \ oder \ >, \leq$).

Beispiel einer gerichteten Hypothese:

„Landkinder sind seltener krank als Stadtkinder."

Die ungerichteten oder zweiseitigen Hypothesen hingegen fragen danach, ob sich die Werte der einen Gruppe von der anderen unterscheiden ($=, \neq$).

Beispiel einer ungerichteten Hypothese:

„Landkinder und Stadtkinder sind unterschiedlich häufig erkältet."

(Hier wird lediglich danach gefragt, ob sich eine Gruppe von der anderen unterscheidet. Nicht, welche Gruppe häufiger oder seltener erkältet ist.)

Damit eine Alternativhypothese angenommen werden kann, muss die Nullhypothese falsifiziert werden. Dieses Vorgehen geht auf K. R. Popper zurück (Budischewski, Ornau, 2016, S. 28). Darüber, bei welchen Ergebnissen die H_0 oder die H_1 angenommen wird, entscheiden festgelegte Signifikanzniveaus. Dabei verfährt man i. d. R. nach folgenden Vorgaben: Ist die Wahrscheinlichkeit, dass H_0 zutrifft kleiner als 5% ($\alpha < 0{,}05$), so entscheidet man sich für die H_1. Mit anderen Worten: Es liegt mit hoher Wahrscheinlichkeit kein Zufall vor. Ist die Wahrscheinlichkeit, dass die H_0 zutrifft jedoch größer als 5% ($\alpha > 0{,}05$), so entscheidet man sich für die H_0. Bei den Rückschlüssen von Stichproben auf Gesamtpopulationen können jedoch Fehler (bspw. Alpha- oder Betafehler) auftreten. Das Signifikanzniveau kontrolliert diese Fehleranfälligkeit.

3.2 Der Chi²-Test

Der Chi²-Test findet Anwendung für Variablen mit nominalem oder ordinalem Skalenniveau. Die Stichproben sollten über 50 Personen umfassen und die Daten sollten gruppiert in Form von absoluten Zahlen vorliegen, damit das Bilden einer Kreuztabelle möglich ist.

Mit dem Chi²-Test werden beobachtete und erwartete Häufigkeiten miteinander verglichen. Es wird eruiert, ob eine empirisch gemessene Häufigkeitsverteilung mit einer theoretisch erwarteten Häufigkeitsverteilung übereinstimmt. Weil es darum geht, wie gut eine empirische und theoretische Verteilung zusammenpassen, wird diese Art des Chi²-Tests auch Anpassungstest genannt (Schäfer, 2016, S. 247). Die Prüfgröße Chi² folgt einer für sie spezifischen Verteilung. Der Berechnung liegen hauptsächlich Kreuztabellen zugrunde und üblicherweise wird die Pearson-Formel genutzt. Sie lautet folgendermaßen:

$$\chi^2 = \sum \frac{(f_b - f_e)^2}{f_e}$$

(f_b entspricht den beobachteten Häufigkeiten, f_e entspricht den erwarteten Häufigkeiten)

Die erwarteten Häufigkeiten (f_e) stellen beim Chi²-Test die Nullhypothese (H_0) dar. Mit der Differenzbildung zwischen den beobachteten und erwarteten Werten wird die Nullhypothese getestet. Häufig ist die zu erwartende Verteilung eine Normalverteilung. Als häufig angeführtes Beispiel dient das Würfeln: Bei einer hohen Anzahl von Würfen (bspw. 2000 Würfe) wird in etwa eine Normalverteilung des Auftretens der Zahlen von eins bis sechs erwartet. Eine solche erwartete Normalverteilung kann sich jedoch aufgrund theoretischer Überlegungen in einem Studienzusammenhang ändern. Bspw. könnte vermutet werden, dass Raucher häufiger an Lungenkrebs erkranken als Nichtraucher. Der Anpassungstest prüft in diesem Fall, ob tatsächlich keine Normalverteilung vorliegt. Dabei handelt es sich um einen Anpassungstest mit einer nominalskalierten Variablen. Neben dem Anpassungstest wird der Chi²-Test weiter differenziert.

Bei einem Studiendesign mit zwei nominalskalierten Variablen könnte für jede Variable einzeln ein Anpassungstest durchgeführt werden. Um zu eruieren, ob die beiden Variablen in einer Beziehung zueinanderstehen oder nicht, dient der Unabhängigkeitstest. Es wird berechnet, ob die zwei Formen der beiden

Häufigkeitsverteilungen voneinander abhängen. Beispielhaft könnte man untersuchen, ob die Frauenquote der Studiengänge Psychologie und Medizin höher ist als die Männerquote. Anders formuliert prüft der Unabhängigkeitstest, ob die Variable „weiblich" und „Psychologie oder Medizin" zu studieren in einem Zusammenhang stehen. Würde man nun die Gesamtanzahl aller Psychologie- und Medizinstudenten der Universität Freiburg auf die Variablen hin untersuchen, könnte sich folgendes Bild zeigen:

Fach/Geschlecht	Weiblich	Männlich	*Zeilensumme (Z)*
Psychologie	400	200	*600*
Medizin	150	250	*400*
Spaltensumme (S)	550	450	*N = 1000*

Die Gesamtpopulation (N=1000) kann in diesem Fall nicht durch die vier Kategorien geteilt werden, denn es verteilen sich nicht gleich viele Studenten auf beide Fächer. Bevor der Chi²-Test gerechnet werden kann, müssen die erwarteten Häufigkeiten bestimmt werden. Dabei multipliziert man die Spalten- und Zeilensummen und teilt sie durch N:

$$f_e = \frac{Z \cdot S}{N}$$

Im Anschluss daran wird mit der zuvor beschriebenen Formel $\chi^2 = \sum \frac{(f_b - f_e)^2}{f_e}$ weitergerechnet. Aufgrund der entsprechenden Freiheitsgrade und der Chi²-Tabelle mit zugehörigem Signifikanzniveau kann das Ergebnis festgestellt werden.

3.3 Beispiel des Chi²-Tests mit SPSS

Für die Durchführung eines Beispiels mit dem Datenanalyseprogramm SPSS soll folgendes fiktive Szenario gelten:

Es wird vermutet, dass weibliche Leistungsturnerinnen häufiger an einer Essstörung leiden als ihre männlichen Kollegen. Die Variablen lauten folglich „Geschlecht" und „Essstörung". Die Untersuchung mit dem Chi²-Test soll zeigen, ob zwischen der beobachteten und erwarteten Häufigkeit ein signifikanter Unterschied besteht. Die Hypothesen werden folgendermaßen formuliert:

- H_0: Es gibt <u>keinen</u> statistisch signifikanten Unterschied zwischen der erwarteten und beobachtbaren Häufigkeit, bzw. zwischen dem Geschlecht und einer Essstörung unter Turnern.
- H_1: Es gibt einen signifikanten Unterschied zwischen der erwarteten und beobachtbaren Häufigkeit, bzw. zwischen dem Geschlecht und einer Essstörung bei Turnern.

Für die fiktive Datenerhebung wurden insgesamt 200 Turner befragt (N=200). Darunter waren 119 weiblich und 81 männliche Personen. Unter den weiblichen Turnerinnen gaben 32 an, eine Essstörung ausgeprägt zu haben, und 87, gesund zu sein. Unter den männlichen Turnern ergab sich, dass 18 Personen unter einer Essstörung leiden und 63 nicht. Die Daten sind nominal skaliert (gleich/ungleich).

	Weiblich	Männlich	*Zeilensumme*
Essstörung ja	32	18	*50*
Essstörung nein	87	63	*150*
Spaltensumme	*119*	*81*	*N = 200*

Damit das Programm mit den erhobenen Daten arbeiten kann, müssen die Werte kodiert werden. Über das Feld „Werte" kann so bspw. in der Zeile „Geschlecht" eine 1 für weiblich und eine 2 für männlich vergeben werden.

Für die Zeile Essstörung kann mit der gleichen Vorgehensweise für „Essstörung ja" eine 1 und für „Essstörung nein" eine 2 vergeben werden.

Um den Datensatz später im Hinblick auf die beobachteten Häufigkeiten auswerten zu können, wird als weitere Variable die „Anzahl" benötigt.

Die Übertragung der Daten wird mit folgendem Screenshot aus SPSS veranschaulicht.

Die Variablenansicht gestaltet sich folgendermaßen:

Name	Typ	Breite	Dezimal...	Beschriftung	Werte	Fehlend	Spalten	Ausrichtung	Messniveau	Rolle
Geschlecht	Numerisch	8	2		{1,00, weibli...	Ohne	8	Rechts	Nominal	Eingabe
Essstörung	Numerisch	8	2		{1,00, Esstö...	Ohne	8	Rechts	Nominal	Eingabe
Anzahl	Numerisch	8	2		Ohne	Ohne	8	Rechts	Metrisch	Eingabe

Abbildung 1: Festlegung der Variablen

Die Datenansicht zeigt folgendes Bild:

	Geschlecht	Essstörung	Anzahl
1	1,00	1,00	32,00
2	1,00	2,00	87,00
3	2,00	1,00	18,00
4	2,00	2,00	63,00

Abbildung 2: Kodierte Dateneingabe

Die beobachteten Häufigkeitsverteilungen können nun über die Felder „Analysieren", „Deskriptive Statistiken" und „Häufigkeiten" angezeigt werden:

Häufigkeitstabelle

Geschlecht

		Häufigkeit	Prozent	Gültige Prozente	Kumulierte Prozente
Gültig	weiblich	119	59,5	59,5	59,5
	männlich	81	40,5	40,5	100,0
	Gesamt	200	100,0	100,0	

Essstörung

		Häufigkeit	Prozent	Gültige Prozente	Kumulierte Prozente
Gültig	Essstörung_ja	50	25,0	25,0	25,0
	Essstörung_nein	150	75,0	75,0	100,0
	Gesamt	200	100,0	100,0	

Abbildung 3: Häufigkeitstabellen der Variablen Geschlecht und Essstörung

Unter „Daten" und „Fälle gewichten" muss nun ausgewählt werden, dass nach der Anzahl der beobachteten Fälle gewichtet werden soll:

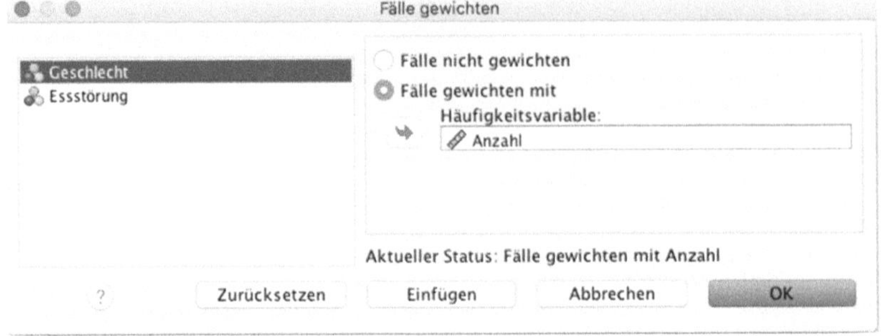

Abbildung 4: Gewichtung der Variablen nach Anzahl

Die Bestätigung des Programms erscheint mit diesem Bild:

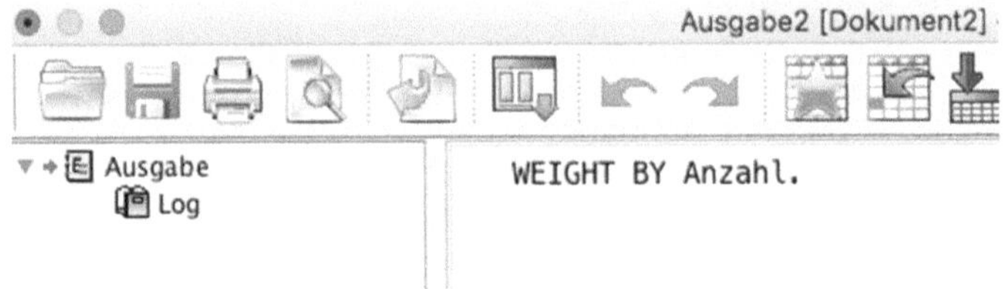

Abbildung 5: Bestätigung des Programms: Gewichtung nach Anzahl

Im nächsten Schritt sollen die beobachteten und die erwarteten Häufigkeiten verglichen werden. Dafür wird unter „Analysieren", „deskriptive Statistik", „Kreuztabellen" und „Zellen" mit jeweils einem Häkchen der Befehl gegeben, dass die erwarteten und beobachteten Häufigkeiten dargestellt werden sollen.

Geschlecht * Essstörung Kreuztabelle

			Essstörung		
			Essstörung_ja	Essstörung_nein	Gesamt
Geschlecht	weiblich	Anzahl	32	87	119
		Erwartete Anzahl	29,8	89,3	119,0
	männlich	Anzahl	18	63	81
		Erwartete Anzahl	20,3	60,8	81,0
Gesamt		Anzahl	50	150	200
		Erwartete Anzahl	50,0	150,0	200,0

Abbildung 6: Ergebnis der erwarteten Häufigkeitsberechnung

Je stärker die erwartete Anzahl von der beobachteten Anzahl abweicht, umso größer wird der Chi^2-Wert ausfallen und umso wahrscheinlicher liegt eine Signifikanz vor. In diesem Beispiel deutet sich hier bereits an, dass aufgrund der eher geringen Abstände zwischen der beobachteten und erwarteten Anzahl der Test nicht signifikant ausfallen wird. Dies zu prüfen erfordert den nächsten Schritt: Dafür wird unter „Analysieren", „deskriptive Statistik", „Kreuztabellen" und „Statistik" der „Chi-Quadrat-Test" ausgewählt:

Chi-Quadrat-Tests

	Wert	df	Asymptotische Signifikanz (zweiseitig)	Exakte Sig. (zweiseitig)	Exakte Sig. (einseitig)
Pearson-Chi-Quadrat	,560[a]	1	,454		
Kontinuitätskorrektur[b]	,339	1	,560		
Likelihood-Quotient	,565	1	,452		
Exakter Test nach Fisher				,508	,282
Zusammenhang linear-mit-linear	,557	1	,455		
Anzahl der gültigen Fälle	200				

a. 0 Zellen (0,0%) haben eine erwartete Häufigkeit kleiner 5. Die minimale erwartete Häufigkeit ist 20,25.

b. Wird nur für eine 2x2-Tabelle berechnet

Abbildung 7: Ergebnis des Chi^2-Tests

Relevant ist bei diesem Screenshot v. a. der Pearson-Chi-Quadrat-Test (oberste Zeile) und die asymptotische Signifikanz, denn mit dieser Angabe wird entschieden, ob die Nullhypothese verworfen wird oder nicht. Das Ergebnis des p-Wertes von 0,45 liegt deutlich über dem Signifikanzniveau (Irrtumswahrscheinlichkeit) von 0,05 bzw. 5%. Es liegt somit zwischen der beobachteten und erwarteten Häufigkeit kein statistisch signifikanter Unterschied vor. Die Nullhypothese wird nicht falsifiziert und behält ihre Gültigkeit. Für die zu untersuchende Fragestellung bedeutet dies, dass aufgrund der erhobenen Stichprobe nicht geschlossen werden kann, dass zwischen den Variablen „Geschlecht" und „Essstörung" unter Leistungsturnern ein Zusammenhang besteht bzw. dass weibliche Leistungsturnerinnen signifikant häufiger unter Essstörungen leiden als ihre männlichen Kollegen. Die Tatsache, dass in der vorliegenden Stichprobe mehr Frauen als Männer an einer Essstörung leiden, wird somit noch auf einen Zufall zurückgeführt und nicht auf eine Systematik.

3.4 Fazit

Das Beispiel macht deutlich, dass innerhalb der Stichprobe zwar mehr weibliche Personen an einer Essstörung leiden als junge Männer, dies jedoch nicht gleichfalls einen Rückschluss darauf zulässt, dass diese Verteilung auf die gesamte Population der Leistungsturner übertragbar ist. Der Chi-Qudrat-Test bezieht außerdem die Tatsache mit ein, dass in der Stichprobe mehr weibliche Personen befragt wurden als männliche. Mit Hilfe von SPSS kann gezeigt werden, dass der prozentuale Unterschied zwischen den Geschlechtern mit Essstörungen nicht sehr groß ist: Lediglich 26,9% der Frauen und 22,2% der Männer leiden an einer Essstörung.

Geschlecht * Essstörung Kreuztabelle

			Essstörung		
			Essstörung_ja	Essstörung_nein	Gesamt
Geschlecht	weiblich	Anzahl	32	87	119
		Erwartete Anzahl	29,8	89,3	119,0
		% von Geschlecht	26,9%	73,1%	100,0%
	männlich	Anzahl	18	63	81
		Erwartete Anzahl	20,3	60,8	81,0
		% von Geschlecht	22,2%	77,8%	100,0%
Gesamt		Anzahl	50	150	200
		Erwartete Anzahl	50,0	150,0	200,0
		% von Geschlecht	25,0%	75,0%	100,0%

Abbildung 8: Prozentuale Verteilung der Essstörungen

Mit den nominal skalierten Daten kann geprüft werden, ob die beobachtete empirische Häufigkeit einer theoretisch erwarteten Häufigkeit entspricht. Schließlich sollte daran erinnert werden, dass von dem Ergebnis eines Hypothesentests nicht auf eine gesetzmäßige Wahrheit geschlossen werden kann. Konkret bedeutet dies, dass trotz des nicht signifikanten Unterschieds des obigen Beispiels dennoch die Alternativhypothese richtig sein könnte, wenn bspw. eine weitaus größere Stichprobe untersucht würde (z. B. 5000 Turner aus ganz Deutschland) und selbst dann bleibt die theoretische Möglichkeit kein der Wahrheit entsprechendes Ergebnis zu eruieren. Ein Vorteil des Chi^2-Tests ist, dass er bereits für nominal skalierte Daten angewendet werden kann.

Literaturverzeichnis

Budischewski, K., Ornau, F. (2016), Statistik, 4. Aufl. Studienbrief der SRH
Fernhochschule Riedlingen.

Linke, R. (2018). Mitarbeiterbefragungen optimieren, Wiesbaden,
DOI:10.1007/978-3-658-17722-5.

Mayer, H. O. (2013). Interview und schriftliche Befragung. 6. Aufl., München.

Mummendey, H. D., Grau, I. (2014). Die Fragebogen-Methode, 6. Aufl.
Göttingen.

Porst, R. (2008). Fragebogen – Ein Arbeitsbuch, 1. Aufl. Wiesbaden.

Reinhardt, R., Ornau, F. (2015). Fragebogentechnik, 2. Aufl., Studienbrief der
SRH Fernhochschule Riedlingen.

Schäfer, T. (2016). Methodenlehre und Statistik, Wiesbaden.
DOI 10.1007/978-3-658-11936-2.

Schick, S. (2014). Interne Unternehmenskommunikation, 5. Aufl., Stuttgart.

Onlinequellen-Verzeichnis

Batinic, B., Moser, K. (2005). Determinanten der Rücklaufquote in Online-
Panels. In: Zeitschrift für Medienpsychologie 17 (N. F. 5) 2, 64–74,
Göttingen, DOI: 10.1026/1617-6383.17.2.64.
Abgerufen am 28.11.2020 unter: https://www.researchgate.net/publica-
tion/220174887_Determinanten_der_Rucklaufquote_in_Online-Pa-
nels/link/5583edb208aefa35fe310017/download.

Batinic, B., Greif, V. (2007). Die Bedeutung des Einladungsschreibens für die

Rücklaufquote in Online-Befragungen. In: Jahrbuch der Absatz- und Verbrauchsforschung, Jg. 53, 2007, Nr. 2, S. 162-177. ISSN 00213985. Abgerufen am 28.11.2020 unter: https://www.researchgate.net/profile/Bernad_Batinic/publication/286453634_Die_Bedeutung_des_Einladungsschreibens_fur_die_Rucklaufquote_in_Online-Befragungen/links/566f025d08ae4bef4061e005/Die-Bedeutung-des-Einladungsschreibens-fuer-die-Ruecklaufquote-in-Online-Befragungen.pdf.

Gusy, B., Marcus, K. (2012). Online Befragungen: Eine Alternative zu paper-pencil Befragungen in der Gesundheitsberichterstattung bei Studierenden (Schriftreihe des AB Public Health: Präbention und psychosoziale Gesundheitsforschung Nr. 01/P12). Freie Universität Berlin, am 28.11.2020 abgerufen unter: www.ppg-berlin.de/publikationen/forschung/index.html.

Keller, D. (2019). Chi-Qudrat-Test mit SPSS, abgerufen am 28.11.2020 unter https://www.youtube.com/watch?v=xhJA3tLXb6l.

Klein, J., Ringlstetter, M., Oelert, J. (2001). Interne Kommunikation; In: Brauer, D. J., Leitolf, J., Raible-Besten, Weigert, M. M. (Hrsg.), Lexikon für Presse und Öffentlichkeitsarbeit, München, S. 160-168.
Abgerufen am 20.11.2020 unter: https://www.econbiz.de/archiv/ei/kuei/organisation/interne_kommunikation.pdf.

Rogator AG, Spezialist für Online-Umfragen. Abgerufen am 28.11.2020 unter: https://www.rogator.de/wissenswertes/fachwissen-customer-feedback/ruecklaufquoten-online-befragungen/.

Walther, B. (2017). Statistik am PC: Chi-Qudrat-Test in SPSS durchführen – Daten analysieren in SPSS (22), abgerufen am 26.11.2020 unter: https://www.youtube.com/watch?v=DU2Tk2n_chA.

Fragebogen zu Aufgabe 1

Sehr geehrte Kolleginnen und Kollegen,

für Ihre Bereitschaft, an dieser Mitarbeiterbefragung teilzunehmen, möchten wir Ihnen unseren herzlichen Dank aussprechen. Angesichts der hohen Belastung während der gegenwärtigen Coronapandemie schätzen wir Ihr Engagement besonders.

Grund und Ziel der Befragung

Der folgende Fragebogen soll maßgeblich dabei helfen, wie die **interne Kommunikation** der Universitätsklinik Freiburg verbessert werden kann. In einer solch großen Institution ist die korrekte und zeitnahe Verteilung wesentlicher Informationen eine Herausforderung, die jeden betrifft.
Vor allen Dingen die letzten Monate während der Pandemie haben gezeigt, dass sich Informationen täglich ändern können. Eine gelungene und fehlerfreie interne Kommunikation ist eine Grundvoraussetzung, um als eine der besten deutschen Universitätskliniken auch weiterhin im Wettbewerb bestehen können.

Anleitung

Ihnen werden insgesamt 11 Fragen in drei Kategorien gestellt. Die Bearbeitungsdauer beträgt etwa 8-10 Minuten. Bitte kreuzen Sie für jede Frage nur eine Antwortmöglichkeit an.

Was geschieht mit den Umfrageergebnissen?

Ihre Angaben werden streng vertraulich behandelt und die Teilnahme an diesen Fragen erfolgt anonymisiert. In einem Studienbericht werden lediglich Meinungstrends unterschiedlicher Abteilungen erkennbar sein.

Wenn Sie Fragen haben, wenden Sie sich bitte per E-Mail an Katharina Gross

<table>
<tr><td colspan="5">Teil A

Der erste Abschnitt stellt Ihnen Fragen zur internen Kommunikation, die das Management an die Mitarbeiter sendet.

Bitte entscheiden Sie sich für jeweils eine Antwortmöglichkeit!</td></tr>
</table>

Welche Informationen erhalten Sie von Seiten des Managements?	Stimme überhaupt nicht zu	Stimme eher nicht zu	Stimme eher zu	Stimme voll und ganz zu
Offizielle Beschlüsse				
Ergebnisprotokolle				
Andere (bitte nennen): _______________				

Durch welche Kanäle erhalten <u>**alle**</u> Mitarbeiter Informationen?	Stimme überhaupt nicht zu	Stimme eher nicht zu	Stimme eher zu	Stimme voll und ganz zu
Mündliche Besprechungen				
Intranet				
Interne Zeitung				
Newsletter				
Andere (bitte nennen): _______________				

Durch welche Kanäle erhalten einzelne Mitarbeiter Informationen?	Stimme überhaupt nicht zu	Stimme eher nicht zu	Stimme eher zu	Stimme voll und ganz zu
Persönliche Gespräche				
E-Mails				
Rundschreiben über spezifische Verteiler				
Andere (bitte nennen): _______________				

Informationen des Managements…	Stimme über-haupt nicht zu	Stimme eher nicht zu	Stimme eher zu	Stimme voll und ganz zu
erhalte ich rechtzeitig.				
sind für mich relevant.				
erhalte ich auf einem angemessenen Weg.				
Andere (bitte nennen): _______________________				

Zufriedenheit der internen Kommunikation vom Management an die Mitarbeiter	Stimme über-haupt nicht zu	Stimme eher nicht zu	Stimme eher zu	Stimme voll und ganz zu
Insgesamt bin ich mit der internen Kommunikation des Managements an die Mitarbeiter zufrieden.				

Auf welchen Wegen erfolgt die interne Kommunikation der Mitarbeiter zum Management?	Stimme überhaupt nicht zu	Stimme eher nicht zu	Stimme eher zu	Stimme voll und ganz zu
Anwesenheit des Managements bei Veranstaltungen				
Regelmäßige Umfragen				
Feedback-Schleifen				
Andere (bitte nennen): ___________				

Wie können Mitarbeiter aus ihrer eigenen Initiative heraus ein Feedback an das Management geben?	Stimme überhaupt nicht zu	Stimme eher nicht zu	Stimme eher zu	Stimme voll und ganz zu
E-Mail				
Intranet				
Klassisches betriebliches Vorschlagswesen				
Andere (bitte nennen): ___________				

Die Bearbeitung meiner Anliegen an das Management erfolgt...	Stimme überhaupt nicht zu	Stimme eher nicht zu	Stimme eher zu	Stimme voll und ganz zu
rasch.				
kompetent.				
unkompliziert.				
Andere (bitte nennen): ___________				

Auf welche Weise erfolgt ein aufgabenbezogener Austausch zwischen Mitarbeitern?	Stimme überhaupt nicht zu	Stimme eher nicht zu	Stimme eher zu	Stimme voll und ganz zu
Datenbank				
Intranet				
Informationsmanagementsystem				
Meetings				
Besprechungen				
Andere (bitte nennen): ________________				

Bei welchen Gelegenheiten erfolgt ein Austausch mit Kollegen, der Ihr Wissenspotential vergrößert?	Stimme überhaupt nicht zu	Stimme eher nicht zu	Stimme eher zu	Stimme voll und ganz zu
Kaffee-Ecke				
Open-space-meetings (bspw. Konferenzen, Teamsitzungen)				
Andere (bitte nennen): ________________				

Wodurch werden Ihnen unternehmerische Informationen vermittelt?	Stimme überhaupt nicht zu	Stimme eher nicht zu	Stimme eher zu	Stimme voll und ganz zu
Unternehmensberichte				
Unternehmenszeitschrift				
Andere (bitte nennen): ________________				

Die folgenden Angaben sind freiwillig und werden vertraulich behandelt. Sie tragen zu einer fundierten Analyse der Mitarbeiterbefragung bei.

Angaben zu Ihrer Person	
Abteilung / Station	
Geschlecht (Zutreffendes bitte einkreisen)	
Alter	
Nationalität	
Betriebszugehörigkeit seit:	

Vielen Dank für Ihre Mühe und Ihre Unterstützung!